NOUVEAU CHANSONNIER DU TOUR DE FRANCE.

Lecteur, de ma chanson nouvelle
Ecoute les sages leçons.
Sois fidèle à tout Compagnon ;
Travaille toujours avec zèle ;
Imite les frères en tout lieu ;
Marche toujours silencieux.
Afin d'acquérir son estime,
Blâme l'homme capricieux :
Le caprice est toujours un crime,
Et un crime vraiment affreux.

NOUVEAU

CHANSONNIER

DU TOUR DE FRANCE,

PAR EM. COLLOMP,

Dit l'Estimable, le Provençal,

COMPAGNON CORDIER.

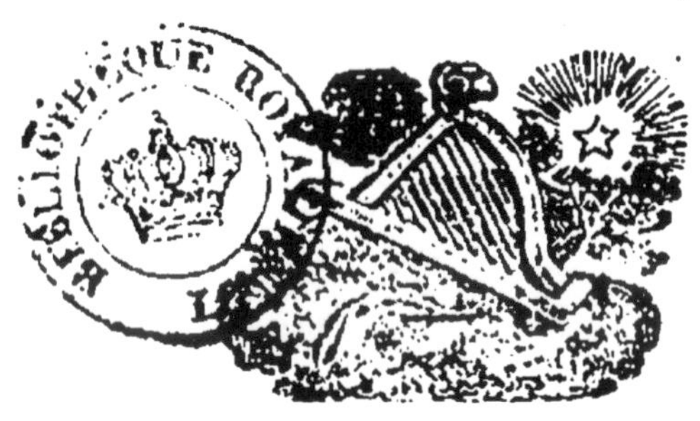

LYON,

IMPRIMERIE DE MARLE AINÉ,

Rue Saint-Dominique; 13.

—

1846.

AVERTISSEMENT.

Depuis longtemps je désirais soumettre quelques Chansons aux regards des ouvriers qui foulent la route du cercle que les arts ont tracé. Quoique n'ayant que des expressions simples, elles ne manquent pas de morale. Les Compagnons de quelque profession que ce soit pourront puiser dans ce petit Ouvrage les règles utiles, les mœurs et caractères que trop de ceux qui portent ce nom sont loin de connaître et encore plus d'étudier. L'Aspirant lui-même peut s'instruire sur les devoirs qu'il a à remplir envers les Compagnons, et connaître les motifs qui éloignent de cette Société; enfin, en suivant le sentier que je trace dans mes vers, on ne peut que marcher sur la route des sages.

Je sais que je m'expose beaucoup en mettant au jour ce que mon faible esprit m'a dicté. Je sais que quelquefois la critique et la médisance seront le produit de mon travail; mais, plus tard, les mécontents seront satisfaits. Pensez-y bien, lecteur : je ne suis ni Virgile ni Homère pour créer; je n'ai jamais mêlé ma voix avec celles d'Amphion ni d'Orphée; jamais ma bouche n'a été alimentée par les eaux de l'Hippocrène; jamais le soleil du Parnasse ni de la Phocide entière n'a éclairé mes pas; Apollon et les

Muses ne m'ont jamais instruit; c'est ce qui fait que mes Chansons seront quelquefois censurées; mais, si elles le sont, ce ne que sera par absence d'harmonie.

J'aurais pu, sans peine, me soustraire aux coups qui me seront portés en supprimant quelques-unes des Chansons renfermées dans ce Recueil, et en les remplaçant par de plus nouvelles et de plus exactes; car les deux tiers de celles-ci sont mon travail d'Aspirant; c'est pour cela qu'elles sont parfois dépourvues de charme et d'expression; mais elles ne manqueront pas de frapper le cœur de ceux qui voudront bien les apprécier.

Je m'engage à faire paraître, tous les ans, un Recueil de Chansons nouvelles qui, mieux que celui-ci, pourra satisfaire les ouvriers. Chaque Recueil contiendra environ quarante Chansons de Compagnons, qui seront toujours précédées par des vers ou par une satire.

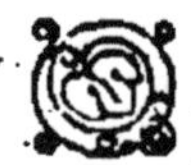

CHANSONS NOUVELLES.

JE NE SAIS PAS TOUT.

Air : *Mais quand pourrai-je, à l'ombre du vieux chêne.*

Je me souviens qu'un jour, dans mon enfance,
Un Compagnon me faisait concevoir
Qu'il me fallait faire le Tour de France
Pour comme lui connaître le Devoir.
A peine fini mon apprentissage,
Que je me suis mis à faire mon Tour:
Jai vu que ses leçons étaient très-sages; } (*bis.*)
Oui, mais encore je ne sais pas tout. }

Prêt à partir pour sur les champs me mettre,
Après avoir aux amis, aux parents,
Fait mes adieux, mais bientôt je vis naître
Dans mon Anna des regrets déchirants,
Me témoignant son amitié sincère,
Et désirant au plus tôt mon retour.
A ses désirs je saurai satisfaire ; } (*bis.*)
Oui, etc.

Je sais fort bien qu'étant tous chez la Mère,
On doit s'estimer comme des amis,
Aux Compagnons être toujours sincère,
Et surmonter ses affreux ennemis.
Je sais aussi qu'étant tous en voyage,
Aux malheureux il faut porter secours.
De ces leçons je connais bien l'usage; } (*bis.*)
Oui, etc.

Je sais qu'étant sous la même bannière,
Et ne formant en tout qu'un seul faisceau,
Ne serpentant que la même carrière
Et désirant tous que le même sceau,
Expulsant de nos cœurs toute injustice,
S'examinant la nuit, aussi le jour:
Pour moi voilà quelle est ma devise; } (bis)
Oui, etc.

Je sais bien que la vertu, la sagesse,
L'amitié pour tous les Compagnons,
La franchise, prudence et politesse,
L'humanité, confiance et union,
La sincérité, l'amour la prévoyance,
Doivent toujours se trouver parmi nous:
Je sai qu'il le faut sur le Tour France; } (bis)
Oui, etc.

Mais cependant trois ans de Tour de France
Ont à mon cœur inspiré la raison;
Et fait connaître toute la science
Qu'il faut pour être reçu Compagnon.
Brûlant toujours de ce désir sincère,
Aux Devoirants je me présente un jour:
Je fus par eux admis à la lumière
Du bon Devoir, que j'aimerai toujours. } (bis.)

De ces couplets l'auteur, mes très-chers frères,
Est un de vos très-jeunes rejetons,
Qui participe en tout dans vos mystères,
Et suit partout la loi des Compagnons.
L'Estimable, dans la ville de Nante,
Par le Devoir il fut ainsi nommé,
Jurant d'être d'une amitié constante,
Toujours fidèle aux Compagnons aimés. } (bis.)

POUR ET CONTRE.

AIR : *Car on ne peut faire un pas dans l'église.*

Chers Compagnons, dessus le Tour de France,
Si vous vous trouvez à de grands repas,
De vos chants connaissez la conséquence;
Sans cela, mes amis, ne chantez pas.
Mais si vos chants sont faits sur un voyage,
Sur la guerre, sur les arts, sur l'amour ;
Encore mieux sur le Compagnonage,
Chantez, chantez toujours, chantez, chantez
[toujours.

Vous qui voulez du beau Compagnonage
Anéantir la puissance et l'éclat;
Vous que l'amour retient dans l'esclavage,
Tout un chacun vous dit : Ne chantez pas.
Mais vous, enfant des arts et des sciences ;
Vous qui avez su embellir vos jours,
Chacun vous dit : Dessus le Tour de France
Chantez, etc.

Quand de l'hiver la saison rigoureuse
Lance sur nous la neige et les frimats ;
Quand de l'ouvrier la famille nombreuse
Souffre et gémit, riche, ne chantez pas.
Mais lorsqu'on peut marcher sur la verdure,
Et que l'on voit renaître les beaux jours,
Chers Compagnons, tant que ce temps-là dure,
Chantez, etc.

Vous que le jeu, le vin et la rapine
Depuis toujours vous ont servi d'état,
Vous que la vrai nonchalance domine,
Devant le sage, hélas ! ne chantez pas.

Mais vous à qui la vertu sert de guide,
Vous qui à l'ouvrier prêtez mille secours ;
Vous qui frappez l'injuste le perfide,
Chantez, etc.

Vous, Aspirants qui parcourez la France,
Si l'ignorance vous tient dans ses bras,
Et si vos cœurs vivent sans espérance ;
Pauvres ouvriers, alors ne chantez pas.
Mais à ces mots votre cœur frémit, tremble ;
Ne craignez pas, continuez votre Tour ;
Un jour viendra que nous dirons ensemble :
Chantez, etc.

Dans ces couplets, dans cette chansonnette,
Chers Compagnons, je vous le dis tout bas,
Si vous trouvez une rime imparfaite
Par prudence, amis, ne la chantez pas ;
Mais si l'auteur, pour toujours *l'Estimable*,
Le Provençal, par ce simple discours,
A su vous plaire et vous être agréable,
Chantez, chantez, chantez, chantez toujours.

LES COULEURS ; VIVE LES COULEURS.

Air de la Parisienne.

Compagnons, chantons à la ronde
L'éclat brillant de nos couleurs;
Soit sur la terre ou dessus l'onde,
Soutenons-les avec ardeur.
Bravant les fers et l'esclavage,
Répétons tous avec courage:

REFRAIN.

Vive les couleurs ;
Que portont sur leur cœur

Tous nos honnêtes Compagnons d'honneur
Faisant leur Tour de France! (*bis*)

Toi dont le cœur porte le signe
De tes exploits, de ta valeur,
Mieux que nous crois-tu être digne
De porter un signe d'honneur,
Le ruban prix de tes vaillances,
Les couleurs prix de nos sciences.
Vive les couleurs, etc.

Trop souvent..................
Aux.............................
....
....
Mais l'emblème du Compagnonage
N'est délivré qu'à l'homme sage.
Vive les couleurs, etc.

C'est-il..........................
Que l'on a.....................?
C'est-il en...................
Que l'on doit être................?
Des ill...........................
Non, la justice au loin s'écrie:
Vive les couleurs, etc.

A mon côté prenez donc place,
Couleurs que j'aimerai toujours.
Devoirants, punissons l'audace
De ceux qui veulent sur le Tour,
Sans talent, sans expérience,
Porter ce signe de clémence.
Vive les couleurs,

Jusqu'au tombeau avec courage
L'auteur veut soutenir vos droits;
L'Estimable dans son voyage
Publie vos grandeurs, vos exploits.
Du Provençal, toujours fidèle,
Chantons ces couplets avec zèle.
Vive les couleurs,

L'ESTIMABLE AU TOMBEAU DE VENDÔME.

Air connu.

Repose en paix, Compagnon vertueux.
Je ne viens pas pour troubler ton silence;
Je viens sur ta tombe, les larmes aux yeux,
Pour te témoigner ma reconnaissance.
Car ton talent, digne d'être cité,
Rappelle enfin ton génie, ton courage;
Mais aujourd'hui tu ne peux plus chanter
Ce qu'à ta main ton esprit sut dicter.
Vendôme, reçois mon hommage.

Quand de la Parque le ciseau tranchant
Vint terminer ta brillante carrière,
Tu fus pleuré par plus d'un Devoirant,
Tant leurs regrets étaient justes et sincères.
En ce temps-là, je ne pus te pleurer,
Car j'étais encore dans l'esclavage;
Mais maintenant je puis apprécier
Tes chants fameux que je ne puis qu'aimer.
Vendôme, reçois mon hommage.

En observant exactement tes lois,
En pratiquant les leçons très-utiles,

Des Compagnons j'ai pu, tout comme toi,
Pénétrer dans leur éternel asile.
Là, du Devoir je connus les grandeurs,
En lui jurant d'être fidèle et sage.
Oh ! mais, hélas ! combien des imposteurs
Font ce serment pour vivre dans l'erreur !
Vendôme, reçois mon hommage.

Repose en paix dans ton lit de douleurs :
Là, tu ne crains ni haine ni parjure ;
Tandis qu'ici plus de mille agresseurs
Par leurs forfaits font trembler la nature.
Ah ! dis-moi donc, dis-moi si de ton temps
L'adulation était mise en usage ?
Mais la prudence en tout lieu sur les champs
Sut absorber les vices et les penchants.
Vendôme, reçois mon hommage.

Le jour s'enfuit : de Phébus les rayons
N'éclairent plus le dessus de la tombe.
Faut te quitter ; adieu, cher Compagnon ;
A la douleur mon faible cœur succombe !
De *l'Estimable*, ô cher la Clef-des-Cœurs !
Accepte ici son amitié pour gage.
Le Provençal, vrai Compagnon d'honneur,
Te dit, quittant ce lieu de douleur :
Vendôme, reçois mon hommage.

LE SENTIER DE L'HONNEUR.

AIR : *Depuis longtemps esclave de l'amour.*

Chers Compagnons, depuis que le Devoir
De son flambeau éclaire ma carrière,
Je n'aspire qu'à vous faire savoir
L'utilité de ce divin mystère.

A peine admis sous le noble manteau
Des Devoirants guidés par maître Jacques,
Que je me dis : Il faut de ce monarque,
Suivre les lois, même jusqu'au tombeau.

Jusqu'au tombeau je veux les soutenir,
Ces lois sacrées, ces lois divines et sages;
Car, sans elles, j'étais prêt à flétrir
Ma vie, mon nom, à la fleur de mon âge.
Mais maître Jacques arracha de mon front
L'épais bandeau qui me couvrait la vue,
Pour que dans son Devoir je contribue,
Et me donner le nom de Compagnon.

Vous qui portez le nom de Compagnon,
Soyez partout amis prudents et sages;
Soyez aussi dignes de votre nom,
Et les soutiens de vos frères en voyage.
Suivez partout le sentier de l'honneur;
Chassez, fuyez le vice et la mollesse;
De maître Jacques imitez la sagesse,
Si vous voulez acquérir sa faveur.

En parcourant de la France le Tour,
Devoirants, prenez Minerve pour guide;
Ne vous arrêtez pas trop à l'amour,
Car sa force est trop forte et trop livide.
Fuyez le jeu, le vin, les querelleurs;
Ne fréquentez que d'amis et de frères,
Et en suivant nos lois pures et sincères,
Eloignez-vous de tout homme flatteur.

Amis, ne vous inspirez le désir
D'avoir un jour de l'or, de la fortune;
Au contraire, tâchez de compatir
Pour ceux qui, plus que vous, ont d'infortune.

Chassez, de grâce, éloignez de vos cœurs
Ce vil désir, et ne pensez qu'à l'homme
Qui, moins heureux que vous, sous un chaume
Passe ses jours éloigné des graudeurs.

Si j'ai tracé ici le vrai chemin
Que doit suivre tout Compagnon fidèle,
Frères et amis, du Devoir les soutiens,
A ces couplets ne soyez infidèles.
Mais, par malheur, le destin trop fatal
A quelquefois su tromper l'espérance
De l'auteur qui fut, sur le Tour de France,
Nommé *l'Estimable*, le Provençal.

LA RÉCOMPENSE,

ROMANCE.

AIR : *Je prends ma canne, objet que je révère.*

Tu vas partir : pourquoi de ton amie
Oublies-tu la vertu, l'amitié,
Toi qui juras sur ta foi, sur ta vie,
Que tu l'aimais, que tu l'aimerais ?

Tu vas partir : est-ce la récompense
D'avoir, pour toi, sacrifié mon bien ?
Pars, inhumain ; vas parcourir la France,
En oubliant mon amour, mon destin.

Tu vas partir : mais ton âme souillée
Ne s'attendrit pas aux accents de ma voix ;
Ton cœur est sourd et ta marche égarée
Te précipitent et t'éloignent de moi.

Tu vas partir : quelle est donc ton envie?
Veux-tu mon nom? je vais te le donner;
Veux-tu mon bien, mon honneur et ma vie?
Que veux-tu donc? pourquoi m'abandonner?

Tu vas partir : je ne puis donc te vaincre?
Pleurs ni regrets, rien ne peut t'attendrir?
Enfin, puisque je ne puis te convaincre,
Pars, infidèle, accomplir ton désir.

Tu vas partir, oublier ma constance :
Mais souviens-toi qu'un tendre souvenir
Est pour toujours gravé dans ton Hortense;
Va, cœur ingrat, et laisse-moi souffrir.

Il est parti ; mais le mot mémorable
Qu'il prononça avant de battre aux champs,
Fait que toujours je dis que *l'Estimable*
Saura revenir fidèle et constant.

LE SOLDAT DEVOIRANT.

Air de Poniatowski.

Depuis longtemps privé du Tour de France
Et éloigné de tout vrai Compagnon,
Sanc acquérir de talent ni science,
Puisque je sers que pour la nat on ;
Qu'importe, si mon désir est sincère,
De retourner encor dessus les champs?
Puisqu'il le faut, je vais faire la guerre
En vrai soldat et en vrai Devoirant.

Des Compagnons, que j'aimerai sans cesse
Et que je ne voudrai jamais trahir,
J'ai acquis l'amitié, la tendresse,
Et en voyageant, j'ai su compatir

A tous les maux qu'offre le Tour de France;
Mais, malgré tout, il fallut battre aux champs,
Et aujourd'hui, sous l'habit d'ordonnance,
Je suis soldat et je suis Devoirant.

J'ai parcouru l'Italie et l'Espagne,
J'ai voyagé dans les plus beaux pays,
J'ai traversé les forêts, les campagnes;
Mais je n'ai pu voir encor des amis,
Tout comme j'en voyais dans ma jeunesse,
Surtout lorsque je voyageais les champs;
Mais malgré ça, je dis dans ma vieillesse:
Je suis soldat et je suis Devoirant.

Qu'entends-je? il faut prendre les armes;
De tout côté on jette des soupirs:
Vite au combat; pourquoi verser des larmes?
Bravons le fer, amis, sachons souffrir.
Sur mon côté, je vois le digne emblême
Que j'ai gagné en traversant les rangs.
Voyant la croix, je disais en moi-même:
Je suis soldat et je suis Devoirant.

Mortellement blessé par une balle,
Dans un combat où le fer et le feu
Faisaient frémir jusqu'au Sardanapale;
Mais par malheur je fus trop valeureux.
Le cœur percé d'une balle inhumaine,
Là, je perdis mon courage et mon sang,
Et m'écriai en mourant dans la plaine:
Je suis soldat et je suis Devoirant.

Chers Compagnons, pour prix de sa constance,
Daignez placer son corps dans un tombeau;
S'il a quitté l'aimable Tour de France,
C'était pour se rendre sous le drapeau.

Sous le drapeau il est resté fidèle,
Tout comme il faisait voyageant les champs.
Sur son tombeau daignez peindre avec zèle :
Passants, ci gît un soldat Devoirant.

Frères et amis, puisque enfin c'est l'usage
De vous citer l'auteur de la chanson,
Pardonnez-moi si mon faible langage
De *l'Estimable* vous cite le nom.
Tout comme vous, il voyage sans cesse.
Compagnons, chantons tous sur les champs :
Gloire au Devoir, respect à la sagesse,
Sans oublier le soldat Devoirant.

LES CRIS D'UN RÉPROUVÉ.

Air du Sauvage.

Depuis longtemps que le Compagnonage
Me tient ici dans ces lieux isolés ;
Depuis longtemps qu'un pénible esclavge
De ses fers me tient comme un exilé,
Quoique proscrit et malheureux sur terre,
Je ne désire en tout qu'à vous revoir.
Ah ! rendez-moi dans votre beau mystère,
Mystère vrai, mystère du Devoir.

Si le destin protége mon envie,
Si votre loi pardonne mon forfait,
Si le Devoir, que jamais je n'oublie,
Brise mes fers, je serai satisfait ;
Car je ne puis, dans ce lieu solitaire,
Bien loin de vous vivre sans nul espoir.
Ah ! rendez moi, etc.

Mais à mes cris vous êtes inaccessible ;
Hélas! pourquoi me laisser tant souffrir?
La liberté serait-elle impossible?
Impossible! dis-je; mieux vaut mourir!
Car, détaché du lien qui vous enserre,
Pour dans les fers vivre sans nul espoir.
Ah! rendez-moi, etc.

Le jour, la nuit, mes forces, mon courage,
Appellent en vain votre protection.
Qu'ai-je donc fait, pour du Compagnonage
Etre l'objet de haine et de confusion?
Lancez sur moi la loi la plus sévère,
Mais que vain ne soit pas mon juste espoir.
Ah! rendez-moi, etc.

Tous mes projets deviennent inutiles;
En vain je prodigue tous mes efforts.
Loin des amis, dans cet obscur asile,
Il me faut donc rester jusqu'à la mort?
Mais par pitié calmez votre colère,
En commuant l'arrêt du grand pouvoir.
Ah! *rendez-moi*, etc.

Ainsi parlait, d'une voix lamentable,
Un Réprouvé, autrefois Devoirant;
Par le récit qu'il fit à *l'Estimable*,
Prouve qu'il fut fidèle à son serment.
Car, disait-il, un moment de colère
Me proscrit pour ne plus vous revoir.
Ah! rendez-moi dans votre beau mystère,
Mystère vrai, mystère du Devoir.

LA ROCHELLE.

Tu dis que Paris est le lieu
Le plus plaisant du Tour de France;

Tu dis qu'on ne peut trouver mieux
Sur le sol d'aucune puissance.
Sans quitter la route du Tour,
J'en ai vu de plus belle qu'elle;
J'ai dit et je dirai toujours :
Paris ne vaut pas la Rochelle.

Quoi sur la terre de plus beau
Que ses allées si charmantes?
Voyez au lointain ces hameaux,
Et dans le mois l'herbe naissante.
Un peu plus loin, on voit la mer
Aux marins se montrer fidèle;
Plus haut, les oiseaux de concert
Chantent tous : Vive la Rochelle!

Si je passe encore une fois
Dans cette ville renommée,
Je te le jure sur ma foi,
J'irai revoir ma bien-aimée.
En l'embrassant, je lui dirai :
Te souviens-tu, charmante Adèle,
Du temps que je te promettais
De retourner à la Rochelle.

Oh! que ce souvenir est doux!
Pour moi, rien de plus agréable;
Avec lui, je trouve partout
Je ne sais quoi de favorable,
Surtout quand je pense aux moments
Qu'Amour enflammait mon Adèle,
Alors je me demande : Comment
Ne pas regretter la Rochelle?

Enfin, de ce brillant séjour
Je ne puis dépeindre les charmes,

Tandis que Paris est toujours
Le signal de vives alarmes.
Oh ! vous qui voyagez les champs,
Mettez les deux en parallèle,
Et vous direz : Pour l'agrément,
Paris ne vaut pas la Rochelle.

En finissant de vous chanter
Cette chanson très agréable,
De l'auteur je vais vous citer
Le nom : pour toujours l'*Estimable*,
Le Provençal, vrai Devoirant,
Aux cordiers toujours fidèle.
Il voyage partout, chantant
Les agréments de la Rochelle.

1844.

Puis-je chanter aux Compagnons cordiers
Quelques couplets à sa noble mémoire ?
Car, en tout temps, sans crainte, les premiers
Se sont montrés aux champs de la victoire.

REFRAIN.

Muse de joie, de tes nouveaux lauriers
Viens couronner les Compagnons cordiers.

Puis-je chanter, de leur brillant Devoir,
L'égalité, les formes et la justesse ?
Puis-je chanter ses forces et son pouvoir ?
Non, Devoirants : vous les voyez sans cesse.
Muse de joie, etc.

Puis-je vous chanter sa fidélité,
Son amitié, ses lois, son industrie ?
Puis-je chanter que sa fraternité
Est pour les champs vraiment digne d'envie ?
Muse de joie, etc.

Puis-je chanter que le serment sacré
Qui fut fait par le premier des frères,
N'a depuis, par nous, été divulgué
Qu'à des amis dignes de nos lumières?
Muse de joie, etc.

Si le destin vous combla de faveur,
Tout comme vous, j'ai ce même avantage,
Et si je suis vrai Compagnon d'honneur,
L'honneur, par vous, fut mis en esclavage.
Muse de joie, etc.

Puis-je chanter que, malgré ses vertus,
De nos amis mêmes cherchent à nous nuire?
Mais leurs désirs sont vains et superflus,
Car ils ne pourront jamais nous détruire.
Muse de joie, etc.

O vils mortels! pourquoi donc refuser
Que nous soyons admis à la présence
Des Compagnons, pour ensemble présider
Sur une nouvelle reconnaissance.
Muse de joie, etc.

Mais le destin, qui veillait dessus nous,
Nous fit placer au rang de l'alliance.
Allez, dit-il en s'adressant à vous,
Loin de ces lieux vivre dans l'ignorance.
Muse de joie, etc.

Le cœur content de ce double secret,
Chers Compagnons, votre ami *l'Estimable*,
Le Provençal, par ce nouveau succès
Chante avec joie ce refrain mémorable :

Muse de joie, de tes lauriers en fleurs
Viens couronner les compagnons vainqueurs.

APPELEZ-MOI, JE REVIENDRAI.

AIR : *Oiseau sacré de la patrie.*

Le ciel est pur, l'aurore est belle :
Compagnons, il me faut voyager ;
Car dans mon pays tout m'appelle.
Hélas! il nous faut séparer. (*bis.*)
Quoique éloigné du Tour de France,
Si un moment se présentait
Que vous auriez besoin de ma présence,
Appelez-moi, je reviendrai. (*bis.*)

Quand je serai dans mon village,
Auprès de mes tendres parents,
Là, je goûterai l'avantage
Que l'on a d'être Devoirant.
Mais, quoique étant près de mon père
Et de celle que j'aimerai,
Si le Devoir me veut sous sa bannière,
Appelez moi, je reviendrai.

Si le cœur de celle que j'aime
Est au mien lié par l'union,
Je prierai l'Etre suprême
De me donner un rejeton.
Tout ce que la vertu commande,
Frères, je le lui dépeindrai ;
Mais si alors le Devoir me demande,
Appelez-moi, je reviendrai.

Mais si le destin me le laisse
Jusqu'à l'âge de quatorze ans,
Là, je trancherai sa jeunesse
Pour lui montrer le vrai talent.

A seize ans, pour moi quel délice !
Sur les champs je le conduirai,
Et moi-même, si je vous suis propice,
Appelez-moi, je reviendrai.

Oh ! que ce jour est mémorable
Pour l'homme juste et vertueux!
Chers Compagnons, de *l'Estimable*
Recevez les tendres adieux.
Si, loin de ce qu'il adore,
Votre Devoir le demandait,
Il vous l'a dit et le répète encore :
Appelez-moi, je reviendrai.

CHANTEZ.

Air : *Faute d'un moine, l'abbaye ne manque pas.*

Puisqu'ici la liberté règne,
Chacun doit chanter à son goût.
Amis, que chacun de vous daigne
Ecouter sans être jaloux.
Chantez la mort, chantez la vie,
Chantez Proserpine et Pluton,
Chantez ce qui vous fait envie :
Moi, je chante les Compagnons. (*bis.*)

Chantez le bonheur, la richesse,
Chantez les plaisirs tour à tour,
Chantez votre tendre maîtresse,
Chantez sa vertu, son amour,
De Voltaire, chantez l'histoire,
Chantez Bossuet, Fénélon,
De César chantez la victoire :
Moi, etc.

Chantez, chantez la fin du monde,
Chantez Noël, chantez Adam,
Chantez, ma lyre vous seconde,
Chantez le fidèle Abraham,
Chantez Damon et Henriette,
Chantez Aristote, Strabon,
Chantez Béranger le poète :
Moi, etc.

Chantez l'immortel Praxitèle,
Et chantez aussi Phidias,
Chantez Zeuxis, chantez Apelle,
Et chantez Epaminondas,
Chantez le fameux Aristote,
Chantez le grand Anacréon,
Chantez le sage Hérodote :
Moi, etc.

Chantez le vaillant Isocrate,
Chantez Artée, Galien,
Chantez le docteur Hippocrate,
Chantez le farouche Adrien,
Chantez le grand Pompée, Colonne,
Chantez Molière, Cicéron,
Chantez l'immortel Calonne :
Moi, etc.

Chantez ; toute la terre entière,
Pour chanter, fournit des sujets,
Chantez Tite-Live et Homère,
Du riche chantez les projets,
Chantez les muses du Parnasse,
Chantez Orphée, Amphyon,
Chantez les sciences du Tasse :
Moi, etc.

Chantez, que rien ne vous arrête,
Chantez l'univers à la fois ;
Chantez philosophes et poètes,
Chantez les empereurs, les rois,
Chantez la valeur de nos pères,
Chantez leur immortel renom :
L'Estimable nous dit : Mes frères,
Moi, je chante les Compagnons.

UN CORDONNIER A SON AMI.

AIR : *Suzon sortait de son village.*

Tu voudrais donc que je voyage ;
Mais, mon ami, dis-moi pourquoi
Je suis sans force et sans courage,
Sans connaissance et maladroit.
Dessus le Tour, il faut toujours
Bien travailler et remplir sa journée ;
Je suis fainéant, je suis gourmand,
Et ces défauts chez moi sont de durée.
Je n'eus jamais d'autres pensées
Que de rester chez mes parents :
Je suis pour rester ignorant ;
Telle est ma destinée. (*ter.*)

On dit que sur le Tour de France
Il faut être laborieux.
Moi, l'ami de la nonchalance,
Je n'y serais que malheureux ;
Et un bourgeois ne voudrait de moi
Que s'il était pressé par la besogne.
Mal habillé ! deguenillé,
Chacun dira que je suis un ivrogne ;

Ce qui le prouve c'est ma trogne,
Et ma déguaîne à travailler.
Car souvent mes yeux sont brouillés
Par l'effet du bourgogne.

Sur le Tour, chose très-certaine,
Quand un bourgeois m'aurait donné
L'argent de toute ma semaine,
En me disant de retourner
Tout aussitôt, vite au bureau,
Pour acheter du tabac, une pipe;
Puis, étourdi, j'entrerais gris.
Que dirait-on, en voyant mon physique?
Le plus dégoûtant est ma chique,
dont la grosseur me rend bouffi.
Je ne veux pas partir d'ici,
Je crains trop la critique.

Non non, jamais du Tour de France
Je ne goûterai les douceurs.
Je suis fort sur la médisance;
Je suis bavard et rapporteur;
Je suis bourru, je suis bossu,
Et près de moi personne ne prend place;
Je suis menteur, je suis voleur,
De l'honnête homme j'évite la trace,
Ma figure, pleine de crasse,
Au plus hardi fait mal au cœur.
Si mon corps exhale une odeur,
Que veux-tu que j'y fasse?

Amis, tels sont les avantages
De tous les braves sabourins:
Dans leur pays comme en voyage
A ces gens il ne manque rien,

Puisque partout ils ont de tout,
Ce que beaucoup n'auront jamais sur terre.
Mais c'est égal ! très jovial,
L'auteur veut bien, en Compagnon sincère,
Citer son nom et satisfaire
A ses amis tant bien que mal :
L'Estimable le Provençal,
De la secte cordière. *(ter.)*

LE SANCTUAIRE.

AIR : *Je vais revoir mon pays et ma mère.*

Qu'à ma voix la terre se réveille ;
Univers, écoutez ses décrets ;
Rois, attentifs ; peuples, ouvrez l'oreille ;
Que chacun écoute ces couplets,
Mes chants aux accords de ma lyre.
Compagnons, laissez-moi parler ;
Car notre fondateur m'inspire
Les vérités que je vais révéler. *(bis)*

REFRAIN.

O beau Devoir ! Devoir que je révère,
Sois en tous lieux mon protecteur sincère ;
Inspire à mon cœur, étant sur les champs,
D'être toujours fidèle Devoirant. *(bis.)*

Fondateur, dans ta gloire adorable
Quel mortel est digne d'entrer?
Dans ton sanctuaire impénétrable
Qui pourra sans nous pénétrer,
Où tous les Devoirants fidèles,
Inclinés d'un œil respectueux,
De ton front contemplent avec zèle
L'éclat brillant et majestueux.
O beau Devoir ! etc.

Ce sera celui dont la bouche
Rend hommage à la vérité,
Qui ne cache pas un air farouche
Sous un faux air d'humanité ;
Attentif et toujours fidèle,
Pour pouvoir distinguer la voix ;
Intrépide et toujours sévère,
Pour soutenir tes belles lois.

O beau Devoir ! etc.

Ce sera celui qui du vice
Evite le sentier impur,
Qui dans le chemin de la justice
Marche toujours d'un pas ferme et sûr ;
Alors cette route brillante
Le conduit au pied de ton autel,
Où la loi, toujours renaissante,
Lui sera dictée, par l'Immortel.

O beau Devoir ! etc.

Enfin, les amis, je m'arrête,
Car je ne puis, malgré mon ardeur,
Qu'avec peine vous faire connaître
De ces couplets le nom de l'auteur ;
Dessus l'aimable Tour de France,
De *L'Estimable* il reçut le nom.
Né sous le ciel de la Provence,
Il vit sous celui du Compagnon.

O beau Devoir, Devoir que je révère,
Sois en tout lieu mon protecteur sincère ;
Inspire à mon cœur étant sur les champs
D'être toujours fidèle Devoirant.

LE DÉPART.

Amis, amis, amis, c'est aujourd'hui
Que dans mon doux voyage,
Du beau Compagnonage
Je vais goûter les fruits.
Ainsi, préparez-vous
Pour faire la conduite;
Car le rouleur de suite
Va nous conduire tous,

REFRAIN.

D'un pas tranquille,
Hors de la ville,
Et en Devoirant
Me mettre sur le champ. (*bis.*)

Couleurs, couleurs, couleurs que j'aime tant,
A mon côté flottantes
Vous êtes si brillantes,
Que mon cœur est content;
Et toi, canne d'honneur
Vrai soutien de voyage,
Avec toi je m'engage
De partir et sans peur
D'un pas tranquille, etc.

Je vais, je vais, je vais, d'un cœur joyeux,
Au père et à la mère,
A la sœur et au frère,
Leur faire mes adieux:
Et vous tous, Aspirants
Pleins d'amour, de mérite,
Venez à ma conduite
Car je vais, à l'instant,
D'un pas tranquille, etc.

Pour moi, pour moi, pour moi quel doux mo-
De voir cette conduite [ment
Défiler à la suite
D'un Compagnon parlant !
Arrivé sur le lieu,
Je dis à tous mes Frères :
Uni par le mystère,
Je vais, le cœur joyeux,
D'un pas tranquille, etc.

Paris, Paris, Paris, brillant séjour,
Aujourd'hui je te quitte ;
Et m'éloigne au plus vite
Pour continuer mon Tour.
Adieu, pays charmant,
Adieu, ma compagne ;
De ce lieu je m'éloigne,
Car voici le printemps,
D'un pas tranquille, etc.

Printemps, printemps, printemps si désiré,
Tu combles mon attente
Lorsque tu me présente,
Des jours si tempérés.
Les oiseaux dans les airs
Agitent leur plumage,
Et dans leurs doux langages,
Nous invitent à aller
D'un pas tranquille, etc.

L'auteur, l'auteur, l'auteur de la chanson
Nous dit en assurance
Que, sur le Tour de France,
L'Estimable est son nom.
Il va guider ses pas
Vers la belle Provence,

Lieu où il prit naissance.
Ne le voyez-vous pas,
D'un pas tranquille,
Hors de la ville
Et en Devoirant
Se mettre sur le champ?

LES GRANDEURS DU DEVOIR.

AIR : *Les plus belles tragédies.*

Quel charme, quelle allégresse
De vous voir vous réunir !
Mes amis, je le confesse,
C'est là mon plus grand plaisir.
Et puis du beau Tour de France,
Je vais ici vous chanter
Du fondateur la puissance,
Et de ses lois la bonté. } (*bis.*)

Sous une éclatante voûte,
Il a créé par son talent
Les belles lois où sans doute
S'éclairent les Devoirants.
Entouré de sa lumière,
Cet astre très radieux
Eclaire alors la carrière
De tous Compagnons joyeux. } (*bis.*)

Oh! que tes œuvres sont belles,
Devoir! quels sont tes bienfaits !
Que ceux qui te sont fidèles
Sous ton joug trouvent d'attrait !
Tu éclaires la jeunesse
Et tu nous rends triomphants,
Faisant briller la sagesse
Dans tes plus faibles enfants. } (*bis.*)

Mais, à ma voix chancelante,
Maître Jacques, inspire-moi
Cette crainte vigilante
Qui fait pratiquer ta loi,
Loi pure, loi désirée
Par toutes les nations;
Mais tu ne l'as dévoilée
Qu'à de sages Compagnons. } (*bis*.)

Que de peuples sur la terre,
Même des princes et des rois,
Qui voudraient de ton mystère
Connaître les belles lois.
Mais ces nations, quoique sages,
Ont de tous peuples et de tous noms;
Mais dans les Compagnonages
Il ne faut que des Compagnons. } (*bis*.)

L'auteur, sur le Tour de France,
L'Estimable il fut nommé;
D'humanité, de prudence
Son désir est enflammé.
La Provence est sa patrie;
Cordier de profession,
Jurant d'être pour la vie
Fidèle aux vrais Compagnons. } (*bis*.)

DIALOGUE ENTRE UN COMPAGNON
ET SON AMIE.

Air du Destrier.

De mon départ l'heure est enfin sonnée;
Tout est prêt: il me faut battre aux champs.

Loin de toi, l'objet de ma pensée,
Loin de toi je m'en vais à l'instant.
Pour au Devoir être fidèle,
De toi je m'éloigne en ce jour.
Adieu, ma douce et tendre Adèle.
Sans tarder je quitte avec zèle
L'amour pour continuer mon Tour. (*bis.*)

Non, non, jamais ton amour, ta tendresse,
Si vite pourront m'abandonner.
Depuis longtemps à toi je m'intéresse,
Et malgré tu voudrais t'éloigner.
Oh ! non ! ta vertu, ta prudence
Ne me donneront, pour retour
De mon excessive constance,
Qu'une très-heureuse existence,
En quittant le Tour pour l'amour.

Quitter le Tour et trahir la promesse
Que je fis aux pied du fondateur...
Non, non, jamais ! jamais une maîtresse
Ne pourra captiver mon grand cœur,
De m'éloigner, je te le jure.
Cesse tes pleurs, et pour toujours,
Malgré l'hiver et la froidure,
Malgré la saison la plus dure,
Je quitte l'amour pour le Tour.

Inhumain, si ton cœur me dédaigne,
Si tu rejettes nos souvenirs,
Daigne, hélas ! ô mon cher amant ! daigne
Connaître quel est mon avenir.
Ecoute l'objet de ta haine,
A sa voix ne reste pas sourd :
Pourquoi me laisser dans la peine?
De grâce, viens briser ma chaîne,
En quittant le Tour pour l'amour.

Il le faut, il faut que j'abandonne
Ton amour, ton amitié, tes pleurs ;
Il le faut, le Devoir me l'ordonne.
Refuser ! quels seraient mes malheurs !...
Adieu, je quitte cette plage.
Qu'un doux baiser soit pour toujours
De nos amitiés le vrai gage.
Je pars, je quitte avec courage
L'amour pour continuer mon Tour.

Tu vas partir, et loin de ton amie,
Tu goûteras du calme et du plaisir;
Tandis que moi je passerai ma vie
Dans la souffrance et dans le déplaisir.
Au moins à ton âme infidèle
Suggère l'idée du retour,
Afin que ma douleur cruelle
Parvienne, en te restant fidèle,
A te posséder pour toujours.

Mais l'auteur, que le Devoir anime,
Ne laissa pas terminer ces mots;
Il partit, et loin de sa victime
Il nous fit dire par les échos :
Chantez en ce jour mémorable,
Et répétez la nuit, le jour,
Ces chants d'un frère véritable
Qui fut surnommé *l'Estimable*,
Le Provençal dessus le Tour.

DERNIÈRE VOLONTÉ D'UN COMPAGNON.

AIR : *Vendôme, reçois mon hommage.*

C'en est donc fait, amis, je vais mourir;
Déjà mon sang se glace dans mes veines.

Auprès de moi que l'on fasse venir,
Mon fils chéri, ce cher enfant que j'aime.
Objet de mes premières amours,
De ton père, écoute la remontrance.
Que dans ton cœur le désir soit un jour
De parvenir comme moi, pour toujours,
Compagnon sur le Tour de France.

Que l'on m'apporte à l'instant mes couleurs,
Je veux les voir avant de rendre l'âme;
Chers Compagnons, placez-les sur mon cœur,
Elles doivent me servir d'oriflamme;
Jusqu'au tombeau je prétends les avoir,
Pour vous prouver, mon amour ma constance.
Mais, quand mon corps n'aura plus de pouvoir,
Tâche mon fils, d'être, par ton savoir,
Compagnon sur le Tour de France.

O toi, ma canne, l'appui de mes vieux ans,
Depuis trente ans, tu suis partout mes traces;
Te souviens-tu d'avoir dessus les champs
Pu disperser une troupe de lâches.
En ce temps-là mon bras était nerveux,
Et la portait avec toute assurance.
Avant que de m'éloigner de ces lieux,
Objet chéri, reçois le tendre adieu
Du Compagnon du Tour de France.

Faut vous quitter: adieu, Temple sacré,
Où réside le plus beau des mystères;
Adieu, chers Compagnons; adieu, secret.
Déjà mes yeux sont privés des lumières.
Dans mon tombeau, Compagnons vertueux,
Placez mon corps avec réjouissance.
Que *l'Estimable* accomplisse mes vœux;
Le Provençal daigne fermer les yeux
Au compagnon du Tour de France.

MORT DE L'ESPÉRANCE-LE-MALOIN, COMPAGNON CORDIER.

Air : *O liberté ! que tu dois être belle !*

O cris affreux ! ô jour épouvantable !
C'est toi qui vit le dernier des soupirs
D'un Dévoirant fidèle et respectable.
Cessez, cessez, ces mots me font frémir....
Oh ! mais, hélas ! on ne cesse de dire :
Tous les désirs sont enfin superflus.
Jusqu'à ma main se refuse d'écrire :
Chers Compagnons, l'Espérance n'est plus.

O Saint-Malo ! toi qui donnas la vie
A l'un des plus illustres Compagnons,
Qui, dans ton sein, son ardeur affaiblie
Par le travail, vient de mourir, dit-on.
Ce nom chéri, ce cœur qui de la France,
Par ses chansons, en tout lieu est connu ;
De son talent gardons la souvenance.
Chers Compagnons, l'Espérance n'est plus.

Mort, en tout lieu, vole de bouche en bouche,
Le cri de mort, ce vrai cri de terreur,
Qui de la Bretagne s'enfuit et touche
Des Compagnons l'âme ainsi que le cœur.
Plus de gaîté dans les manufactures ;
De tout côté on a même entendu
Ces cris sortant du sein de la nature :
Chers Compagnons, l'Espérance n'est plus.

Enfin, je vois les cœurs les plus fidèles
Pleurer le sort de ce vrai Compagnon.
Et toi, grand Dieu ! toi qui connaît son zèle,
Fais que partout on révère le nom

Du Devoirant constant à sa patrie,
Du chansonnier ennemi des abus.
Oh ! d'y penser, mon âme est affaiblie....
Chers Compagnons, l'Espérance n'est plus.

En finissant ici de vous décrire
Le sort fatal de ce vrai Devoirant,
Chers Compagnons, je ne crains pas de dire
Le nom que l'auteur porte sur les champs :
L'Estimable, le Provençal, mes frères,
De ce malheur son cœur est tout ému.
Tous, comme lui, d'une amitié sincère,
Chantons partout : l'Espérance n'est plus.

PAUVRE MÈRE.

AIR de *Lucie de Lammermoor*.

Depuis deux ans j'attends encor,
Disait un jour la jeune Hortense;
Hélas ! pour prix de ma constance,
Je n'aurai de lui que la mort.
Déjà mon sang se glace dans mes veines,
Et je ne peux, sous le poids de mes chaînes,
Vivre sans lui; sans lui c'est trop souffrir.
Pauvre mère, que de soupirs ! (*bis*.)

Le jour, la nuit, à chaque instant,
Je crois le voir à ma présence,
Me parler et me dire : Hortense.
Que nous sommes heureux maintenant!
Mais tout-à-coup son fils me dit : Ma mère,
Quand près de nous pourrais-je voir mon père,
Vivre sans lui, sans lui c'est trop souffrir.
Pauvre mère, etc.

Le temps se passe, et chaque jour
Chez moi la misère augmente.
Malgré mon espoir, mon attente,
L'inhumain suspend son retour ;
Il reste sourd à ma voix qui l'appelle.
Je meurs de faim : et lui, restant fidèle,
Je dis toujours: Sans lui c'est trop souffrir.
Pauvre mère, etc.

Deux ans se sont passés ainsi
Dans la douleur, dans la souffrance,
Toujours bercée par l'espérance
De revoir un jour cet ami.
Ah ! si le ciel à ma voix lamentable
S'attendrissait, et qu'un jour *l'Estimable*
Vienne me dire, en calmant mes soupirs :
Bonne mère plus de soupirs !

L'EXAMEN SOLITAIRE.

AIR : *Chantons tous avec allégresse.*

Dans ces lieux sombres et solitaires,
Je vais essayer de savoir
Si je suis digne du Devoir,
Et de connaître ses lumières ;
Car pour porter le sage nom
Que vous donnent les Compagnons,
Il faut avoir vertu, science,
Et de pures intentions ;
Car sans quoi, sur le Tour de France,
Bientôt on se voit Esponton.

Ai-je partout, dans mon voyage,
Suivi le sentier de l'honneur ?

Ai-je écarté de mon cœur
Le vice et le libertinage?
Enfin, partout où le destin
M'a ouvert un large chemin,
Mes pas ont-ils, avec prudence,
Marché en amis, en soutiens
des Compagnons du Tour de France?
Oui, c'était son devoir et le mien.

Ai-je en tout lieu pris pour partage
Les justes et sages leçons
Que me donnèrent les Compagnons?
Tout pendant mon apprentissage,
Ai-je de la fidélité,
Ainsi que de l'humanité,
Dessus le Tour, avec constance,
Suivi ces traces d'amitié,
D'amour et de reconnaissance?
Oui, en fuyant la vanité.

Ai-je acquis, dans mon voyage,
Assez de science et de talent,
Pour être placé dans les rangs
Chéris du beau Compagnonage;
Mais je sais, par nos Compagnons,
Que mieux vaut, pour porter ce nom,
Avoir honneur, vertu, sagesse,
Que les sciences de Nersson,
Si, comme lui, trop de mollesse
Vous place au rang d'Esponton.

Après des examens sévères,
L'auteur reçut des Compagnons
De *l'Estimable* le surnom,
Participant dans ses mystères.

Ecoutez, sans être surpris,
Si ces couplets par lui écrits
Récitent aux peuples de la terre
Tous les examens qu'il se fit;
Mais que peut-il, ce qu'il révère,
Si ce n'est faire des amis?

LE SOUVENIR.

AIR : *J'étais Français.*

Je me souviens, je me souviens encore
Du jour que je fus reçu Compagnon;
Je me souviens de la première aurore
Où j'eus le bonheur de porter ce nom.
O souvenir! tu charmes ma jeunesse!
O souvenir! que tu rends mon cœur joyeux!
Avec toi je pourrais, dans ma vieillesse,
Goûter les jours les plus délicieux.

Je me souviens que conduit dans le temple
Qui du Devoir est l'auguste séjour,
D'un vrai Devoirant je suivis l'exemple.
Mais qu'entends-je me dire tour à tour,
D'une voix forte, dans une cour sombre:
Aspirant! crains, si tel n'est ton désir....
Pâle et rêveur, je m'avance dans l'ombre.
De ce moment j'en ai le souvenir.

Silencieux dans ce chaste domaine,
Tout, à mes yeux, était anéanti;
Le désir seul me soutenait à peine,
Quand tout-à-coup une voix me redit:
O toi qui veux, du beau Compagnonage,
Connaître ici le mystère, le pouvoir!
Promets aussi d'être fidèle et sage,
Et de suivre les lois de ce Devoir. 3

En ce moment, moment épouvantable!
Une lueur vient confondre mes sens;
A sa clarté un trône formidable
S'offre à mes yeux, sous des corps différents...
Courbé sous le poids du glaive suprême,
Environné de mille objets flatteurs,
Je ne pouvais résister qu'avec peine
Dans ces palais où gît les splendeurs.

O souvenir de ce moment de charme!
Moment heureux, puisque un serment sacré
Fut fait par moi (ce mot seul me désarme),
Afin de connaître le vrai secret.
C'est par ce serment sacré, qui nous lie,
Que je serai fidèle aux Devoirants.
De les trahir, plutôt perdre la vie,
Ce que l'on doit étant desssus les champs.

Des Devoirants étant mis à la suite
Et décoré de plus d'une couleur,
A ma droite était la Bonne-Conduite,
Et à ma gauche était le vrai Franc-Cœur,
Quand tout-à-coup s'éloignèrent en silence,
Pour consulter la déesse Asmion;
Bientôt après j'entendis la sentence
Qui me donna le nom de Compagnon.

Ce fut au sein de cette nuit charmante
Que l'auteur fut uni aux Compagnons.
L'Estimable, d'une voix éclatante,
Vous demande de connaître ce nom.
Tout comme vous, il voyage la France.
Devoirants, chantons tous avec plaisir
Du cordier, enfant de la Provence,
Cette chanson, son plus beau souvenir.

HONNEUR! HONNEUR AUX COMPAGNONS CORDIERS!

Air connu.

Puisque Vendôme, sur le Tour de France,
Nous a chanté les blanchets-chamoiseurs;
Puisque la Fidélité, l'Espérance,
Du beau Devoir chantèrent les grandeurs;
Enfin Guépin, l'Aimable-sans-Feintise,
Dans ses chants honora les ferblantiers;
Mais à mon tour permettez que je dise:
Honneur, honneur aux compagnons cordiers!

Vous les voyez, dessus le Tour de France,
S'attribuer que ce qui leur est dû.
Dans beaucoup d'arts règne encor l'ignorance;
Mais dans le sien elle n'existe plus.
Dans l'univers maintes choses on admire;
Mais rien de beau comme ces ateliers.
Chers Compagnons, permettez-moi de dire:
Honneur, etc.

Dans l'univers quel serait le commerce,
Si l'art de la Corderie n'était pas?
On n'entendrait pas l'homme qui s'exerce
Parler de la Chine et du Canada.
Bientôt Toulon, Rochefort, Brest et Nantes,
Ne verraient plus de vaillants bateliers.
A ce sujet permettez que je chante:
Honneur, etc.

Par nos travaux, le courage de d'Urville
A pénétré dans des pays lointains.
Par nos travaux, le prince de Joinville
A pu braver l'orgueil des Marocains.

Pour élever Luxor sur la Concorde,
De tous les arts quel fut le premier?
En vérité, c'est au moyen de cordes.
Honneur, etc.

Si de Ruyter on chante la mémoire,
Si de Jean-Bart on chante les hauts faits,
Si de Brakell on chante la victoire,
Chantez aussi Duquesne et Paul Riquet.
Si Christophe Colomb, que l'on envie,
A parcouru tout l'univers entier,
Grâce à notre art. Chantez toute la vie:
Honneur, etc.

D'un Devoirant, d'un ami véritable,
Je vais ici terminer la chanson.
Chers Compagnons, son nom est *l'Estimable*,
Le Provençal, cordier de profession.
Il dit qu'à peine arrivé dans ce monde
Son art est celui qui sert le premier;
Il sert aussi descendant dans la tombe.
Honneur, honneur aux Compagnons cordiers!

LE BON VIN.

AIR : *Ah! qu'ils sont fous sur terre!*

Amis, pour bannir le chagrin
Et la mélancolie,
Il faut dans cette vie
Chérir l'amour et le bon vin.
Comme Grégoire,
Il nous faut boire
Du jus divin, afin qu'ici la gloire
Soit chantée par nous jour et nuit,

Chassant avec elle l'ennui,
Et tous ensemble chanter aujourd'hui :

REFRAIN.

De ce jus qui abonde,
Buvons-en à la ronde,
Car nous n'en boirons pas dans l'autre monde.

Honneur et gloire soient rendus
Au doux jus de la treille,
Vraie liqueur sans pareille,
Tout comme l'a nommée Bacchus.
Chagrin, souffrance
Que le Tour de France
Fait endurer, malgré notre constance,
Tout est dissipé par le vin ;
Avec lui, l'homme ne craint rien ;
Bravant le sort, il chante ce refrain :
De ce jus, etc.

Si vous voulez être heureux,
Habitants de la terre,
Je vais dire la manière
Dont vous devez vivre en tous lieux.
D'un air affable,
Le ventre à table,
Buvant toujours de ce jus si aimable ;
Tout, lorsque nous sommes ici,
Soit Compagnons, frères ou amis,
Doit, avec nous, boire et chanter aussi :
De ce jus, etc.

Enfin, puisque tout est fini,
Lorsque, dans les lieux sombres,
Ensemble avec les ombres

La mort nous aura réunis,
Sous cette voûte,
Dessus la route,
Le verre en main, que chaque frère écoute
Et chante à l'honneur du bon vin,
Depuis le soir jusqu'au matin,
Quelques couplets suivis de ce refrain :

De ce jus, etc.

Le vin, dont je loue la bonté,
Chaque jour est utile,
De nous chasse la bile,
Car vous-mêmes vous le savez.
Voyez la trogne
D'un bon ivrogne
Alimentant son gosier de Bourgogne.
Alors, honnêtes Compagnons,
Qu'une main tienne le flacon,
L'autre le verre, et ensemble chantons :

De ce jus, etc.

Quoi, vous demandera l'auteur,
Enfant de la folie,
Ce que, dans cette vie,
Mieux que le vin, charme le cœur?
Amour et danse
Et Tour de France,
Tout, sans le vin, est une pénitence.
L'Estimable, d'un cœur content,
Vous chante ici les agréments
Que le vin donne à tous les Devoirants.

De ce jus qui abonde,
Buvons-en à la ronde,
Car nous n'en boirons pas dans l'autre monde.

L'ESPONTON.

AIR : *Vieux vagabond, j peux mourir sans vous.*

Hélas ! hélas ! plus d'espérance,
Plus de plaisir, plus de bonheur,
Puisque du brillant Tour de France
On me rejette avec fureur.
Chassé du beau Compagnonage
Il me reste plus que le nom ;
Comme vous je l'eus pour partage, } (*bis.*)
Et aujourd'hui je suis fait Esponton. }

Ah ! d'y penser quelle souffrance !
Devoirants, je vais succomber
Si vous n'accordez indulgence
A celui que vous avez frappé :
Mais, hélas ! ça ne peut se faire,
Telle est la loi des Compagnons....
Chassé, éloigné du mystère, } (*bis.*)
Hélas ! hélas ! je suis fait Esponton. }

La coupe du Compagnonage
Aujourd'hui pour moi se ternit ;
Je n'y boirai pas davantage,
Car mes mains perfides ont commis
Un fait qui, du Devoir suprême,
Ne me laisse plus que le nom.
Pour moi quelle douleur extrême ! } (*bis*)
Hélas ! hélas ! je suis fait Esponton }

Adieu, adieu, couleurs brillantes ;
Votre éclat ne me flatte plus :
Je ne vous verrai plus flottantes
A mon côté, comme j'ai vu.

Je vous quitte; adieu, je vous laisse,
Portant avec moi que le nom.
Anéanti par la tristesse, } (*bis.*)
Hélas! hélas! je suis fait Esponton. }

Adieu, adieu, canne charmante;
Avec toi souvent j'ai chassé,
Dessus l'aimable Tour de France,
Ceux qui venaient pour m'oppresser.
J'ai su défendre avec courage
Contre l'ennemi ce beau nom;
En récompense, je m'engage } (*bis.*)
Aujourd'hui à être fait Esponton. }

Mais, chassé pour toute ma vie,
Je ne puis vivre plus longtemps.
Adieu, ô vous, chambres jolies,
Le gîte des vrais Devoirants.
Le regret me tue; je succombe,
Je meurs.... adieu, chers Compagnons,
Et que l'on grave sur ma tombe: } (*bis.*)
Passant, ci-gît le corps d'un Esponton. }

L'auteur vous demande indulgence;
Pour un ami soyez loyal,
Dessus l'aimable Tour de France;
L'Estimable, le Provençal
Suit l'ordre du divin mystère,
Est honnête et vrai compagnon,
Pour n'être pas par tous les frères } (*bis.*)
Chassé et mis au rang de l'Esponton. }

HORTENSE.

AIR : *Les plus belles tragédies.*

O toi! objet de ma flamme,
Viens ici pour écouter

Un terrible mélodrame
Que je vais te raconter.
Malgré mon âme attendrie
Par ton sensible regard,
Apprends de moi, chère amie,
Que c'est demain que je pars.

Va, pars, amant que j'adore,
Va continuer ton Tour;
Pars dès la première aurore,
Car l'empire de l'amour
Te tiendrait dans l'esclavage
Au milieu de ton printemps;
Va continuer ton voyage
En fidèle Devoirant.

Quand dessus le Tour de France
Tu seras avec tes amis,
Pense, mon cher ami, pense
Que nos deux cœurs sont unis.
Souviens-toi, je te supplie,
De nos premières amours;
Que dans ton cœur, pour la vie,
Soient gravés ces heureux jours.

N'oublie pas, dans ton voyage,
Ma tendresse et mon amour;
Fuis vice et libertinage,
Infidélité, détour;
Conserve dans ta mémoire
De ce jour le souvenir,
Afin que je puisse croire
Que mon cœur est ton désir.

Si quelquefois l'infortune
T'accablait de tout son poids,

Que ta main prenne une plume
Et ne s'adresse qu'à moi ;
Je ferai tout mon possible
Pour te sortir du malheur,
Et pour te rendre invincible
Contre tous tes agresseurs.

L'heure du départ s'apprête,
Hélas ! tu vas loin de moi ;
Pars, amant que je regrette,
Car mon cœur n'aime que toi.
Va connaître de la France
Les pays les plus charmants,
Et puis près de ton Hortense
Reviens fidèle et constant.

Ainsi parlait, d'un cœur tendre,
Celle que l'auteur aimait.
Mais bientôt on crut entendre
L'heure du départ pour jamais.
L'*Estimable* ici console
Son amante, et pour toujours
D'un pas vigilant s'envole,
Pour continuer son Tour.

LES MYSTÈRES DU DEVOIR.

AIR : *Peut-on désirer davantage?*

Compagnons, chantons tour à tour
De notre Devoir le mystère,
Et répétons, en ce beau jour :
Vive le beau titre de frère.
Car qui voyage sans le nom
Que nous a donné la science,
Ne peut avoir plaisir, dit-on,
Voyager sur le Tour de France.

Quand je partis de mon pays,
J'étais content de mon courage;
Bientôt je trouvai des amis,
Aspirant au Compagnonage.
Comme eux, mon unique intention
Etait d'acquérir la science
Qu'il faut pour être Compagnon,
En parcourant le Tour de France.

Toujours guidé par le désir
D'être, comme vous, sans tristesse;
Car je voyais avec plaisir
Le bonheur vous suivre sans cesse.
Quand l'égalité, la raison
Mirent mon talent dans la balance,
Là, je fus reçu Compagnon,
Comme vous, sur le Tour de France.

Fier d'être sous votre manteau,
Bientôt j'en connus l'avantage;
Chaque jour un plaisir nouveau
Fait en moi naître du courage.
C'est en portant ce noble nom
Que l'on foule au pied l'impuissance
De ceux qui veulent, sans raison,
Critiquer le beau Tour de France.

Si les mortels de tous les rangs
Ont quelquefois, avec malice,
Contre tous nos vrais Devoirants
Usé de force et d'artifice,
C'est qu'ils n'avaient plus que leurs noms
Pour vertu, honneur et science,
Pendant que tous nos Compagnons
Triomphaient sur le Tour de France.

En vain, des milliers de censeurs
Lancent sur nous des traits avides ;
Compagnons, pour être vainqueurs,
Du fondateur prenons l'égide.
Avec cette arme nous pourrons
Toujours posséder la puissance
Que le Devoir, aux Compagnons,
Dédia sur le Tour de France.

Mes amis, l'auteur, du Devoir
Est un soutien inébranlable ;
Si son nom vous reste à savoir,
Chers Compagnons, c'est *l'Estimable.*
Bien jeune, il quitta, nous dit-on,
Le beau séjour de la Provence,
Pour être un jour l'Anacréon
Du Devoir sur le Tour de France.

L'HIVER.

Du dur hiver
Je suis tout attristé
Hélas ! je perds
La joie et la santé ;
Un rhume me chagrine,
Et brise ma poitrine.
Fleurs et beaux jours,
Hâtez votre retour.

A tout moment
Faut quitter la maison,
Pour instamment
Courir sur les glaçons.
Dans ma douleur extrême,
Je redis dans moi-même :
Fleurs et, etc.

Le froid du corps
Pénètre dans mes sangs,
Et mes efforts
Sont vains et impuissants
Pour chasser la froidure
Et revoir la verdure.
Fleurs, etc.

Lorsque le vent
Déchaîné contre nous
Semble un moment
Nous anéantir tous,
Pour braver les tempêtes
Qui grondent sur nos têtes,
Fleurs, etc.

Pendant ce temps
De deuil et de douleur,
Que de tourments,
Que de cris, que de pleurs!
Rien daigne nous sourire,
Tout contre nous conspire.
Fleurs, etc.

Riches, malgré
Vos jardins toujours verts,
Vous émigrez
Quand viennent les hivers.
Tous les ans je projette,
Mais toujours je répète:
Fleurs, etc.

Un départ vers
Des climats bien plus doux
Vous fait braver

L'aquilon en courroux.
A vous duvet, flanelle;
A moi douleur cruelle.
Fleurs, etc.

O beau printemps!
Tu rends ces lieux verts;
Mais à présent
Les glaçons de l'hiver
Font de cette prairie
Une autre Sibérie.
Fleurs, etc.

Pour bien finir,
L'auteur de la chanson
Avec plaisir
Va vous citer son nom.
Un dur hiver tourmente
L'Estimable qui chante:
Fleurs et beaux jours,
Hâtez votre retours.

JE NE CRAINS PAS.

AIR connu.

Pourai-je bien, sans craindre le mépris,
Chercher du Tour les tristes aventures?
Pourai-je bien.... mais mon cœur, tout épris,
Chante malgré les cris et les murmures.

REFRAIN.

Je ne crains pas et ne craindrai jamais,
Lorsque je ne dirai que la vérité.

Pourquoi, hélas ! deux hommes Compagnons,
Vous le savez, vous mes fidèles frères,
Ayant tout deux le talent et le nom,
Et contre pourquoi se font-ils la guerre.

Je ne crains pas, etc.

N'a-t-on pas vu deux frères, avec fureur,
S'entr'égorger par haine et par vengeance?
N'a-t-on pas vu des effrayants malheurs
Qui seuls ternissent le beau Tour de France.

Je ne crains pas, etc.

Pour être heureux étant dessus le champ
Et vivre en paix dans notré long voyage,
Il faudrait toujours éviter le sang
Qui teint l'étendard du Compagnonage.

Je ne crains pas, etc.

Tout l'univers, admire nos travaux,
Et les peuples aiment notre industrie.
Efforçons nous d'être jamais rivaux,
Sans quoi notre vertu sera flétrie.

Je ne crains pas, etc.

Partout on voudrait que les Devoirants
Eussent la paix, faisant leur Tour de France;
Car la crainte retient des Aspirants,
Et les laisse croupir dans l'ignorance.

Je ne crains pas, etc.

Ne cachons pas aux yeux de l'univers
L'utilité du Devoir véritable;
Que nos accents ne forment qu'un concert,
Pour publier son ordre mémorable.

Je ne crains pas, etc

L'auteur de cette nouvelle chanson
Vous a juré d'être toujours fidèle.
L'Estimable, voilà quel est son nom ;
Son bonheur est l union fraternelle.

REFRAIN.

Il ne craint pas, et ne craindra jamais,
Lorsqu'il ne dira que la vérité.

MORT DE LA FIDÉLITÉ-LE-TOULOUSAIN, COMPAGNON CORDIER.

AIR : *O liberté! que tu dois être belle!*

Compagnons, permettez-vous que je chante
Quelques couplets que ma main a écrits?
Quoique ma voix soit faible et chancelante,
Je vais vous faire un sincère récit
Sur le génie, l'amitié, la constance,
D'un Compagnon fidèle et vrai soutien
De ses amis dessus le Tour de France:
C'est la Fidélité-le-Toulousain. (*bis.*)

Ce Compagnon, que tout frère regrette,
Après avoir, en étant sur les champs,
Fait et chanté plusieurs chansonnettes;
Son âme alors changea de sentiment :
Bientôt on vit des chansons immortelles
Pour celui dont le cœur aime le bien ;
L'auteur, partout nous dirons avec zèle,
C'est la Fidélité-le-Toulousain.

Homme indiscret, venez ici connaître
Les leçons de ce digne Devoirant ;
Même aujourd'hui on voit encore renaître
De ses écrits les nobles sentiments.

O vous, surtout, dont l'or et la richesse
Semblent à jamais fixer votre destin,
Suivez partout l'exemple avec sagesse
De la Fidélité-le-Toulousain.

Après avoir, toujours avec constance,
Sillonné de la France les contours,
Il retourna, guidé par l'espérance,
Dans son pays pour passer quelques jours;
Mais la main de la Parque trop cruelle
De son existence trancha le lien.
Regrettons tous l'amitié fraternelle
De la Fidélité-le-Toulousain.

O vous tous dont les liens du mystère
Ont pour toujours à lui uni vos cœurs,
Au souvenir de cet aimable frère,
Chacun de vous doit reconnaître l'auteur.
L'Estimable, pardonnez son poème,
C'est à lui seul que vous devez soudain
Les souvenirs de l'amitié extrême
Qu'eut la Fidélité-le-Toulousain.

LE VINGT-HUIT JUIN.

AIR : *Me promenant au bord d'une onde pure.*

Triste, abattu, dormant sous une treille
Dans la soirée du vingt-huit juin,
Lorsqu'une voix vient frapper mon oreille.
Je regarde, et je distingue quelqu'un
Qui, d'un pas lourd, pesant, vers moi s'avance.
Je crains d'abord, mais il retient ma voix,
En me disant : N'aie pas peur et suis-moi ; (*bis.*)
Viens connaître notre puissance.

Je le suis donc longtemps, avec l'envie
De savoir au lieu qu'il me conduisait ;
Mais que mon âme s'est trouvée ravie,
Lorsque je me sentis abandonné!
En ce moment, régnait un doux silence,
Lorsqu'un flambeau radieux apparut :
Je vis alors et j'avais entendu
Les Devoirants et leur puissance.

Je sors enfin de ces lieux mémorables,
Très-satisfait de me voir Compagnon ;
A mon côté des couleurs respectables
Sont déroulées avec satisfaction ;
La canne en main, vers les amis j'avance,
Et je leur dis avec plaisir et joie :
De connaître tâchez tous, comme moi,
Le beau Devoir et sa puissance.

Chers Compagnons, il faut que je vous quitte,
Pour continuer ce que j'ai commencé ;
Car le mystère du Devoir m'invite,
Et me conduit dans l'immense sentier :
Sentier chéri qu'on peut, du Tour de France,
En le suivant, connaître les lieux,
Et goûter les plaisirs délicieux
Du Devoir et de sa puissance.

En conservant l'amitié fraternelle
L'auteur va se mettre dessus le champs ;
L'Estimable, vrai Devoirant fidèle,
Va prendre part aux douceurs du printemps ;
Il voyage guidé par l'espérance
D'être toujours fidèle Compagnon,
Et de soutenir en tout lieu le nom
Du Devoir et de sa puissance.

LE POLTRON.

Air : *Suzon sortait de son village.*

Tu veux, dis-tu, du Tour de France
Aller parcourir le sentier ;
Tu veux, bien loin de la Provence,
Aller exercer ton métier.
Ami, pourquoi ?
Chez ton bourgeois,
Ne peux-tu pas, surtout dans ton village,
Du vrai talent
Goûter les sens
Tout comme ceux qui se mettent en voyage.
Ecoute mon faible langage,
Sans quoi tu t'en repentiras :
Enfin, voyage qui voudra ;
Moi, je reste au village. *(ter.)*

Que peut-on sur le Tour de France
Lorsque, éloigné de ses parents,
Sans amis et sans connaissance,
Sans ouvrage, aussi sans argent.
Au lieu qu'ici !
Près des amis,
Nous ne manquons ni d'argent ni d'ouvrage.
Mais sur les champs !
On doit souvent
Penser au lieu témoin de son jeune âge.
Laisse donc le Compagnonage,
Sans quoi, etc.

Ici, près de ta douce amie,
Tu passes des jours très-heureux,
Sans chagrin, sans mélancolie,
Sans craindre d'être malheureux.

Jamais, ailleurs,
Un sort meilleur
Tu ne pourras trouver dans ton voyage;
Souffrance, ennui!
Voilà le fruit
Que l'on trouve semé sur son passage.
Ne quitte pas ce beau rivage,
Sans quoi, etc.
Ami, puisqu'il faut le le dire,
Je ne quitte pas mon pays;
Je suis l'ennemi du martyre,
Je ne veux pas être soumis.
Jamais bourgeois
N'aura sur moi
Ni sur mon travail le moindre avantage.
Trop de rigueurs!
Point de douceurs!
Je n'aime pas être dans l'esclavage.
Hélas! je perds force et courage
Lorsque je pense à tout cela.
Enfin, voyage, etc.
Mais, ne pouvant vaincre l'envie
Qu'il avait d'être Compagnon,
L'auteur quitta sa douce amie,
Pour guider ses pas vers Toulon.
Mais bientôt
Il vit Bordeaux,
Puis Rochefort; et Nantes, pour partage,
Vit s'accomplir
Tous ses désirs,
Pour aussitôt se remettre en voyage.
Paris, Lyon avec courage
Il quitta pour finir son Tour,
Et l'*Estimable* pour toujours
Retourne à son village.

MORT DE VENDÔME-LA-CLEF-DES-CŒURS,

Compagnon Blanchet-Chamoiseur.

AIR : *O liberté !*

Qui frappe mon cœur d'un coup si terrible ?
O juste ciel ! qu'ai-je donc entendu ?
Une parole, un blasphème horrible ;
Mais quoi ! hélas ! la Clef-des-Cœurs n'est plus ?
Est-ce bien vrai, répondez mes chers frères,
Que le ciel n'ait épargné ce trésor?
Malgré nos pleurs et nos regrets sincères,
Chers Compagnons, la Clef-des-Cœurs est mort.

Non, il n'est plus, ce Devoirant fidèle,
A qui le ciel avait donné l'esprit
De divulguer partout et avec zèle
L'utilité de son Devoir chéri.
Non, il n'est plus pour chanter à la ronde
Quelques couplets. Puisque tel est le sort,
Il dort en paix au sein de l'autre monde;
Chers Compagnons, la Clef-des Cœurs est mort.

Non, il n'est plus, mais dans notre mémoire
Son souvenir sera toujours gravé ;
Dans son tombeau, que l'on place avec gloire
L'Espérance et la Fidélité ;
Car leurs noms, dessus le beau Tour de France,
Deviendront aussi vieux que Nestor :
Aimons toujours cette triple alliance.
Chers Compagnons, la Clef-des-Cœurs est mort.

A ses cendres, amis, rendons hommage,
En récompense de tous ses bienfaits ;
Car l'homme prudent, vertueux et sage
Sait qu'ils étaient trois Compagnons parfaits.

Pour des chansons à jamais mémorables,
Chers Compagnons, pardonnez si j'ai tort :
En récompense, vous aurez l'Estimable ;
Mais Vendôme-la-Clef-des-Cœurs est mort.

De ces couplets l'auteur, avec prudence,
Retrace ici du blanchet-chamoiseur
Le grand talent, la vertu, la science,
Qu'il a montrés en Compagnon d'honneur.
L'Estimable, le Provençal, vrai frère,
D'une voix sonore, il répète encor,
Quoique ces mots fassent frémir la terre :
Chers Compagnons, la Clef des Cœurs est mort.

LA SÉPARATION.

Air : *Admirons la mode du temps.*

Vous dont le cœur paraît content
De me voir dans cette contrée,
Quel serait votre étonnement
Si vous connaissiez ma pensée,
Et si les accents de ma voix,
Précédés d'un faible langage,
Vous disaient : Amis, croyez-moi, } *bis.*
Demain, je serai en voyage?

Oui, demain, je vais sur les champs,
Pour continuer mon voyage,
Et pour suivre, en vrai Devoirant,
Les lois du beau Compagnonage,
Et semer, pour tout Compagnon,
Sur la route du Tour de France,
Vertu, sagesse et union,
Qui du Devoir font la puissance.

Frères et amis, tous Devoirants,
Je vous quitte, car ma présence
Est utile dessus les champs,
Pour y instruire l'ignorance,
Et pour guider dans le chemin
Que nous a tracé notre père
Ceux qui, par un fatal destin,
Seraient privés de la lumière.

Faut nous séparer, mes amis,
Pour moi quelle douleur cruelle !
Malgré le lien qui nous unit
Et notre amitié paternelle;
Mais votre souvenir dans moi
Sera gravé toute ma vie;
De vous revoir c'est, sur ma foi,
Un espoir et même une envie.

Enfin, Phébus, par ses rayons,
Eclaire le champ de conduite.
Adieu, mes frères Compagnons,
Car je vais m'éloigner de suite
De ces lieux si chers à mon cœur,
De vous, mes amis, que j'honore;
Mais, en vrai Compagnon d'honneur,
Je vais profiter de l'aurore.

O toi, le guide des Compagnons
Et le fondateur du mystère,
Guide l'auteur de la chanson,
Et éclaire avec ta lumière
L'Estimable, le Provençal,
Sur la route du Tour de France,
Afin qu'il puisse, à ton signal,
Suivre tes lois avec constance.

IL VA PARTIR.

Hélas! le bruit d'un sinistre présage,
O juste ciel! me permet de douter
Que celui que j'avais pris pour partage,
Se prépare pour bientôt me quitter.
Hélas! pourquoi douter de sa constance,
Puisque je suis l'objet de son désir,
Non, non: il veut faire son Tour de France.
Il va partir, hélas! il va partir. (*bis.*)

Il va partir, et la première aurore
Sera celle qui doit nous séparer.
Malgré sa fuite, mon cœur l'aime encore,
Et toute ma vie je saurai l'aimer.
Mais écoutez: la conduite, en silence,
Marche à grands pas; mais j'entends les soupirs
De mon ami que sur le Tour de France
Je vois partir, hélas! je vois partir.

Tu vas partir, tu quittes ton amie;
Pourquoi, dis-je, m'abandonner ainsi?
Souviens-toi que, sur ta foi, sur ta vie,
Le serment de bien m'aimer tu me fis.
Mais aujourd'hui, pour prix de ma constance,
J'entends ta voix qui, malgré mon désir,
Me dit: Je vais finir mon Tour de France;
Je vais partir, adieu, je vais partir.

Hélas! hélas! quelle douleur cruelle!
Que je souffre, voyant sur son départ
Celui pour qui je suis resté fidèle!
Mais des regrets! quoi faire? il est trop tard.
Puisque mon cœur est privé d'espérance,
Il ne me reste donc plus qu'à souffrir.

Malgré mes pleurs, dessus le Tour de France,
Il va partir, hélas! il va partir.

Pleurer, gémir, tout est très-inutile,
Puisque le sort m'appelle loin de toi
Pour me rendre sous un ciel plus fertile.
Adieu, je pars; ne pense plus à moi:
Car bientôt, loin de toi, mon Hortense,
Celui qui t'aime, malgré tes soupirs
Dira: Je vais finir mon Tour de France;
Je vais partir, adieu, je vais partir.

Toi qui ravis la moitié de ma vie,
Cruel, prends celle qui me reste encore;
Si pour toujours je dois être flétrie,
Perce mon cœur, et donne-moi la mort.
Je t'ai livré honneur et innocence;
Je fus l'esclave de ton vil désir:
Et aujourd'hui tu veux, en récompense,
Partir! Adieu, puisque tu veux partir.

De ces couplets l'auteur à son amie
Fait ses adieux ainsi qu'aux Compagnons.
De l'*Estimable*, pour toute sa vie,
A Nantes, il fut revêtu de ce nom.
Vers les bords de la belle Provence,
Il va guider ses pas avec plaisir;
C'est dans ce beau séjour qu'il prit naissance.
Il va partir, adieu, il va partir.

DERNIÈRES PAROLES D'UN PÈRE A SON FILS.

AIR : *D'un pas rapide éloignons-nous.*

Viens près de moi, mon jeune fils,
Entendre ma dernière parole;

Viens près de moi, car faudrait-il
Te laisser pour te voir encore,
Comme moi, victime en mourant
Des maux qui affligeaient mon âme.
Mon malheur fut, dessus les champs,
D'aimer le jeu, le vin, les femmes.

Le jeu! ce mot me fait frémir,
Est une passion inébranlable,
Dont la puissance a su fléchir
Le cœur le plus inexorable.
Car, en tout temps et en tous lieux,
Qui me tenait, je me condamne,
Comme un esclave et malheureux?
Ce sont le jeu, le vin, les femmes.

Lorsque, pressé par le désir
Du vin où je fondais ma croyance,
Longtemps avec lui le plaisir
Chassait de moi toute souffrance;
Mais ce plaisir, en finissant,
Me laissait cruel et infâme.
De ces maux l'auteur, mon enfant,
Ce sont le jeu, le vin, les femmes.

Aux attraits flatteurs de l'amour,
Ne cède pas, mon fils, je t'en supplie,
Car sa puissance chaque jour
De l'homme elle abrége la vie.
Car pour être heureux désormais,
Je te le jure sur mon âme,
Il faut, mon fils, fuir à jamais
Le jeu, le vin, aussi les femmes.

Ainsi parlait un Compagnon;
Mais cette parole mémorable

Fut à l'instant mise, dit-on,
En poème par *l'Estimable.*
Car ce Compagnon en mourant
Dit, perdant sa dernière flamme :
Pars, mon fils, va dessus les champs,
Mais fuis le jeu, le vin, les femmes.

MES ADIEUX A PARIS.

AIR : *Marchons tous vers la Côte-d'Or.*

Amis, le signal est donné :
Préparez-vous pour la conduite
Et que chacun se tienne prêt;
Le rouleur va partir de suite;
Prenons nos cannes et nos couleurs.
Déjà, d'une voix éclatante,
Bien loin de nous le rouleur marche et chante.
Partez, partez, partez, chers Devoirants,
Allez profiter du printemps.

REFRAIN.

Sur l'herbe naissante
Je vais, en chantant
Le Tour, mon amante
Et le printemps.

Adieu, Paris, brillant séjour ;
Je vais finir mon Tour de France,
Et dans moi seront pour toujours
Gravés les souvenirs d'Hortense.
Je vais lui faire mes adieux :
Pour moi, quelle douleur extrême !
Dès ce moment, pour cacher cette peine,
Partons, partons, honnêtes Devoirants,
Allons profiter du printemps.

Enfin, la hauteur de tes remparts,
Paris, brillant séjour d'envie,
Cache alors à tous mes regards
La Colonne et les Tuileries,
L'Arc-de-Triomphe renommé,
Palais-Royal, la Madeleine;
Adieu, charmant rivage de la Seine :
Je pars, on va me mettre sur les champs,
En honnête et vrai Devoirant.

Bientôt disparaît à mes yeux
Luxembourg, Palais-de-Justice,
Tous ces jardins délicieux,
Tours Notre-Dame et Saint Sulpice,
Portes Saint-Denis, Saint-Martin,
La Concorde et les Invalides,
Où le vainqueur de l'Europe réside,
L'Ambigu, la Gaîté et l'Odéon,
Sans oublier le Panthéon.

Enfin se perd sous l'horizon
Cette puissante Babylone :
Je ne vois plus les deux Chaumont,
Ni des Trois-Journées la colonne ;
Ponts, boulevarts, tout disparaît.
Adieu, capitale de France;
De te revoir je garde l'espérance;
Mais aujourd'hui, comme vrai Devoirant,
Je te quitte pour battre les champs.

Adieu, tes charmants alentours,
Tels que Saint-Germain, Belleville,
Boulogne, agréables séjours,
Neuilly, Versailles et Romainville,
Saint-Cloud, Vincennes et Charenton,

Le Mont-Parnasse et la Courtille ;
Adieu tes bals, tes salons et tes filles.
Je m'éloigne de vous pour battre aux champs,
En vrai et joyeux Devoirant.

C'est à vous tous, chers Compagnons,
Que l'auteur jure amour, constance,
Fidélité et protection,
En tout lieu sur le Tour de France.
De *l'Estimable*, le Provençal,
Recevez les adieux sincères ;
Il va partir pour suivre la carrière
Que maître Jacques traça pour son art.
Voyez, chers Compagnons, il part.

HALTE-LA, N'ALLEZ PAS SI VITE.

AIR : *Il est bon-là, M. Delorme.*

Un ouvrier pour parvenir,
Sitôt sorti d'apprentissage,
De son pays avec plaisir
Part, pour commencer un voyage ;
A peine a-t-il de sa maison
Quitté son père et pris la fuite,
Qu'il se dit déjà Compagnon,
Mais de suite je lui réponds ;
Halte-là, n'allez pas si vite.

Très-souvent, sans être connu,
Des ignorants, en ma présence,
A d'autres comme eux ont voulu
Parler des lieux du Tour de France.
Un d'entre eux se dit Devoirant ;

Mais, quelle rencontre maudite !
De lui je m'approche à l'instant,
Et je lui fais ce compliment :
Halte-là, n'allez pas si vite.

Guidé par le noble désir
D'être éclairé par nos lumières,
Plus d'un corps d'état, sans mentir,
Voudrait connaître nos mystères ;
Tout en détestant leurs métiers,
Hélas ! faut-il que je les cite?
Je dis aux braves cordonniers,
Aux boulangers, aux saboliers :
Halte-là, n'allez pas si vite.

Lorsqu'un frère veut nous quitter,
Pour sa conduite tout s'apprête ;
Le rouleur commence à chanter,
Se plaçant le premier en tête.
Après lui chaque corps d'état
S'avance. Mais, si l'on persiste
A vouloir ce que l'on n'a pas,
Par pitié je leur dis tout bas :
Halte-là, n'allez pas si vite.

Amis, désirez-vous savoir
Le nom de l'auteur véritable ?
En vrai Compagnon du Devoir,
Il fut surnommé *l'Estimable*.
Le Provençal craint que bientôt
Plus d'un autre auteur ressuscite ;
Mais si l'on s'arroge ses mots,
Il leur répondra aussitôt :
Halte-là, n'allez pas si vite.

JE LA REVOIS, OU CINQ ANS D'ABSENCE.

AIR : *Depuis longtemps esclave de l'amour.*

Depuis cinq ans éloigné du lieu
Où doit gémir ma douce et tendre amie,
Vivant toujours le cœur gai et joyeux,
Sans avoir eu la plus petite envie;
Mais aujourd'hui un tendre souvenir
Montre à mon cœur son amour, sa constance;
Sans plus tarder, adieu, beau Tour de France!
Je vais près d'elle accomplir mon désir.

En vain tout m'appelle dessus les champs;
Non, non, jamais je serai infidèle!
Je vais partir; adieu, chers Devoirants;
Je m'éloigne, je me rends auprès d'elle
Pour accomplir son désir et le mien;
Depuis longtemps telle est son espérance.
Adieu, je quitte ici le Tour de France;
De l'amour je vais suivre le chemin.

O tour de France! toi que j'aime encor,
Reçois l'adieu d'un Compagnon sincère;
Fasse le ciel que jusques à ma mort
Je sois soutien de ce divin mystère.
Pour le Devoir, je veux vivre et mourir;
Pour les amis, je donnerais ma vie:
Mais le désir de revoir mon amie,
Fait qu'aujourd'hui je pars avec plaisir.

Me voici donc, pour la dernière fois,
Dessus les champs, guidé par la prudence;
M'éloignant, je porte gravé en moi
Des Compagnons la vertu, la science.

Déjà ma voix pénètre avec ardeur
Dans l'âme de ma charmante maîtresse;
Je la revois, sur mon cœur je la presse:
Bientôt après l'hymen unira nos cœurs.

Si le destin vous guide en voyageant,
Nous dit l'auteur, Compagnon plein de zèle,
Dans mon pays venez, chers Devoirants;
Pour vous j'aurai l'amitié fraternelle.
De *l'Estimable* agréez les désirs :
Le Provençal, dans son lieu de naissance,
Des agréments qu'offre le Tour de France
Saura garder les touchants souvenirs.

AUX ASPIRANTS.

Air : *Salut, trône d'airain.*

Vous qui faites le Tour de France
Dans l'espoir d'être Devoirants,
Que la loi de la bienséance
Vous serve de guide en tout temps.
Fuyez la jeunesse folâtre
Qui ne cherche qu'à se divertir.
Tâchez de ne vous avilir,
Et de ne vous rendre idolâtre.

REFRAIN.

Soutenez le Devoir,
Aussi les Compagnons,
Si vous voulez vous voir
Revêtu de ce nom.

Lorsque vous serez en voyage,
Secourez vos frères indigents;
Car l'humanité est le gage
D'un cœur tendre et reconnaissant.

Et quand vous serez chez la Mère,
Tout en vidant quelques flacons,
Chantez l'honneur des Compagnons
Et les grandeurs de son mystère.
Soutenez le Devoir, etc.

Puisque vous désirez connaître
Ce que c'est que les Compagnons,
Aspirants, il faut vous soumettre
Aux lois qu'ils vous imposeront.
Car, pour pénétrer dans le Temple,
Asile des vrais Devoirants,
Il vous faudra, dessus les champs,
En tout lieu suivre son exemple.
Soutenez le Devoir, etc.

Enfin, si dans votre voyage
Au Devoir vous vous présentez,
Apportez un cœur pur et sage
Et digne d'être respecté,
Afin que si on vous honore
Du beau titre de Devoirant,
Vous puissiez, aux jeunes Aspirants,
Avec nous leur chanter encore :
Soutenez le Devoir, etc.

Mais si, par un sort tout contraire,
Un jour vous êtes refusés,
N'allez pas, comme un téméraire,
Sur le Tour nous périphraser.
Gardez pour plus tard votre envie,
Examinez-vous quelquefois,
Et vous parviendrez, sur ma foi,
Au plus grand bonheur de la vie.
Soutenez le Devoir, etc.

Aspirants, l'auteur vous invite
A cultiver l'art du cordier :
Vous serez un jour néophytes
Et au Devoir initiés.
L'Estimable, avec allégresse,
Le Provençal, vrai Compagnon,
A composé cette chanson
Pour vous conduire avec sagesse.
Soutenez le Devoir, etc.

MORALE.

Compagnons du Devoir, dessus le Tour de France
Que vos pas soient toujours guidés par la prudence ;
Que la vertu, par vous, montre à tout l'univers
Que le Devoir sacré, le Devoir véritable
Est un secret puissant à jamais mémorable
Pour le Devoirant juste, et non pour le pervers.

Devoirants, en tout lieu montrez de la sagesse ;
Consultez la raison et fuyez la mollesse ;
Ne vous écartez pas du sentier de l'honneur ;
Profitez des leçons de l'homme juste et sage.
De ces leçons, un jour, vous aurez pour partage
L'estime des amis, du Devoir la faveur.

O vous tous, Compagnons encore jeunes, à l'ordre !
Ne soyez jamais les auteurs d'aucun désordre ;
Ne vous inspirez pas la croyance d'avoir
Sur aucune personne la moindre puissance.
En tout temps, en tout lieu, dessus le Tour de France
Rappelez-vous les lois de notre beau Devoir.

LE TOUR DE FRANCE

DE L'ESTIMABLE, LE PROVENÇAL,

COMPAGNON CORDIER.

C'était par un beau jour, au printemps de mon âge,
Que le ciel à mon cœur inspira le voyage;
Mais, tenu loin de là par de folles amours,
Avec peine je vis s'écouler d'heureux jours.
Fatigué de me voir de l'amour la victime,
Je parvins à franchir son infernal abîme.
Alors, libre de tout, je me mis sur les champs,
Guidé par le désir d'être un jour Devoirant.
Ce jour-là fut pour moi le plus beau de ma vie,
Quoique j'eusse quitté parents, amis, amie.
Toulon, le beau Toulon m'offrit, de toutes parts,
De quoi m'encourager et charmer mes regards.
Mais bientôt, corrompu par un vil apanage,
J'avais déjà perdu tout désir de voyage.
Cependant, ranimé par un de mes amis,
Je trouvai très-urgent de suivre ses avis :
Je quittai de Toulon la secte abominable,
Pour être des ouvriers un ami sociable.
D'avoir quitté ces lieux n'ayant aucun regret,
De Sainte-Beaume enfin je parcours la forêt.
Je vois, de toutes parts, des montagnes stériles,
Tandis que dans le bas sont des plaines fertiles.
Je croyais ces lieux inhospitaliers,
Quand tout-à-coup je vis des gens s'affilier.
Un d'entr'eux m'approchant me dit, d'un air sinçère,
De le suivre pour voir son riche monastère.
Avec plaisir je suis ce guide bienfaisant,
Qui me demande enfin si j'étais Devoirant.
« Frère, lui dis-je alors, je quitte la Provence
Pour aller parcourir l'aimable Tour de France.
J'ai quitté mon pays, père, mère et parents,
Pour me voir quelque jour au rang des Devoirants.

— Allez, dit-il, allez ; que le ciel favorise
Votre pur sentiment, votre noble entreprise.
Fasse le sort qu'étant toujours homme d'honneur
Vous retourniez un jour vous munir de couleurs. »
Après cet entretien, je me mis en voyage,
En saluant le frère ainsi que l'hermitage;
Mais bientôt, me trouvant dans le bas d'un vallon,
J'aperçus au lointain la tour de Saint-Pilon.
J'admirais son sommet, quand je vis des étoiles ;
Car la nuit commençait à déployer ses voiles.
De ces lieux sombres alors je m'éloignais soudain,
Quand tout-à-coup je vis les bords d'un vieux chemin;
Je suivis ce sentier, au gré de la fortune.
Mais Coges vit finir mon voyage nocturne.
Je consacre au sommeil le reste de la nuit ;
Quand je m'éveille enfin, je vois Phébus qui luit.
A peine ses rayons échauffaient-ils les treilles,
Que je guidai mes pas vers la ville de Marseille.
Arrivé dans ces lieux, je saluai d'abord
Ses allées de Maillans, son cours, aussi son port.
Je restai quelques jours pour connaître la ville;
De voyager bientôt me parut plus utile.
Je fis donc mes adieux au Père, aux Compagnons,
Pour diriger mes pas vers Aix, puis Tarascon.
Ce dernier, à mes yeux, parut très-agréable ;
En effet, son séjour me fut très-favorable.
Je profitai d'abord de plus d'une leçon
Que voulut me donner un sage Compagnon. *
De lui j'appris qu'il faut, dessus le Tour de France,
Punir le criminel, protéger l'innocence,
S'acquitter en tout lieu lorsqu'on doit de l'argent ;
En route, soulager les frères indigents;
Expulser de son cœur tout desir de richesse,
Car souvent ce désir plonge dans la détresse.
Eviter tant qu'on peut les hommes tapageurs :
Trop souvent l'occasion plonge dans le malheur.
Après cette leçon, dictée d'un cœur sincère,
Je quittai cet ami pour aller à Beaucaire ;

* Sans-Façon, le Provençal.

Mais bientôt, fatigué de son séjour abject,
Soudain de m'éloigner je formai le projet.
Nîmes et ses faubourgs lassèrent mon courage ;
Dans Alais je trouvai des amis et d'ouvrage.
Je passai d'heureux jours ; mais bientôt je sentis
Qu'il fallait malgré moi quitter ce beau pays.
Le jour de mon départ fut un jour de tristesse ;
Car il fallut quitter amis, pays, maîtresse.
Puis, le froid, les glaçons et l'hiver éternel
M'obligèrent en partant de descendre à Lunel.
D'un bourgeois sage et doux, dans ce pays champêtre,
Je servis d'ouvrier, car il était bon maître,
Digne de commander : je suivis ses conseils ;
Car on voit rarement des hommes à lui pareils.
De ce pays je pars : je marche et je m'arrête
Sur le sol renommé de la ville de Cette.
J'examine avec soin son port, ses bâtiments,
Ses coteaux, son canal, la mer et son étang.
Mais bientôt dans mon cœur une nouvelle envie
Me fit abandonner amis et corderie.
Agde nous présentait qu'un aspect grossier,
Ce qui fit que bientôt nous fûmes à Béziers.
La barque en peu de temps nous conduit à Narbonne,
Et, sans nous arrêter, nous vîmes Carcassonne.
Examinant de loin les beautés du pays,
Nous passâmes tout près de Castelnaudary.
Villefranche nous montra son tertre de pelouse ;
Mais je désirai voir la ville de Toulouse.
Je vis ses monuments ; j'accomplis mon désir ;
Mais après, il fallut se résoudre à partir.
Après avoir quitté la ville et sa colonne,
Je conduisis mes pas aux bords de la Garonne,
Et, jouissant partout de la fraîcheur des eaux,
Dans deux jours je me vis sur le sol de Bordeaux ;
Malgré ses agréments et son séjour aimable,
Pour moi Bordeaux devint un pays détestable.
Ayant abandonné le travail pour l'amour,
Je me précipitais dans ses bras nuit et jour :
Mais bientôt, la raison succédant mon envie,

Je quittai ce lieu, l'amour et mon amie;
Et puis, sur la vapeur à la merci du sort,
Le nautonnier guida mes pas vers Rochefort.
Je contemplais de loin cette ville charmante,
Dont les murs sont baignés par l'eau de la Charente.
Dans ce lieu j'espérai travailler quelque temps;
Mais, malgré ce désir, il fallut battre aux champs.
Résolu de quitter cette ville agréable,
Je suivis les avis d'un ami sociable : *
Je m'en fus à Mauzé, et, pendant treize mois,
Je passai d'heureux jours auprès d'un bon bourgeois.
Frères, la Clef-des-Cœurs est le nom de ce maître;
Il est vrai Devoirant, vous devez le connaître.
Et pendant tout le temps que je restai chez lui,
Il fut de mes projets le Mentor et l'appui.
Pressé de toutes parts, hélas! faut-il le dire?
D'aimer..... ô fol amour!... à peine je respire...
Il m'avait, en ce temps, trois fois mis dans les fers.
Epuisé, sans courage, accablé de revers,
Et je pouvais encor, après tant de désordres,
Me soumettre à ses lois, exécuter ses ordres.
J'aurai dû, sans tarder, à ses premiers efforts,
M'éclipser à ses yeux pour vaincre ses transports;
Mais, fidèle à ta voix, ô chère Victorine!
J'accomplis nos désirs; mais tu fus la victime.
Le sort, en te frappant, me frappa plus que toi;
Malgré tout, tu disais que tu n'aimais que moi.
O souvenir trop doux! tu déchires mon âme.
Hélas! dans son cœur est l'objet de ma flamme.
Je voulais, je ne pus; mais bientôt, loin de tout,
Le destin l'accablant de ses coups,
Malgré mon amitié et mon amour sincère,
Il fallut la laisser au sein de la misère.
Moi-même, pour franchir son affreux désespoir,
Hélas! je la quittai pour ne plus la revoir.
Je partis de ce lieu, et ma douleur cruelle
Guida mes pas tremblants au sein de la Rochelle...

(La suite dans une prochaine publication.)

* La Bonne-Conduite, le Mâconnais.

TABLE DES CHANSONS

CONTENUES DANS CE RECUEIL.

FIN DE LA TABLE ET DU RECUEIL.

www.ingramcontent.com/pod-product-compliance
Ingram Content Group UK Ltd.
Pitfield, Milton Keynes, MK11 3LW, UK
UKHW022119260726
13993UKWH00003B/1114